Prem Vedas!

An ode to love, life and living!

Aditya Mate (AMDZS)

BookLeaf Publishing
India | USA | UK

Made with ❤ on the BookLeaf Publishing Platform
www.bookleafpub.in
www.bookleafpub.com

Dedication

To my beloved family, whose love forms the roots from which I grow;
To my friends, whose companionship has been both anchor and compass on this journey;
And to the countless strangers whose fleeting presence and unspoken kindness have left lasting imprints on my heart—
This work is for you. May these words honor the quiet ways you inspire, uplift, and remind us that life's greatest wisdom often arrives in unexpected moments.

Preface

Prem Vedas is an offering to the timeless truth that love is not just a feeling, but the very essence of existence. Like the ancient seers who saw divinity in every breath, this work seeks to remind us that wisdom is not distant—it resides in the smile of a friend, the embrace of family, and even in the kindness of strangers.

These pages are not teachings, but reflections—gentle reminders that love and truth are inseparable. May they guide you inward, to discover that the sacred has always lived within your own heart.

Acknowledgements

I bow with gratitude to the many hearts that made *Prem Vedas* possible. To my family, whose love has been my constant ground; to my friends, whose companionship has brightened the path; and to the many kind souls—whether known or met in passing—whose words and presence became sparks of inspiration.

I am deeply thankful to **Book Leaf Publishers** for bringing this work into the world with care and dedication. Their support has helped transform a quiet dream into a book that can be shared with others.

Above all, I offer thanks to the Source of all love, in whose light this work was born.

1. Jivan Ka Nuska!

Jisne khudko qubool kiya,
Saara jahan paa liya;
Karm karke nishtha se apna,
Har sapna sach kiya;
Yaar jo hon saath sada,
Har mushkil ko mitta diya!

2. Khwaab!

Bune the kuch khwaab kabhi;

Samay ke katon me uljhe hain ab sabhi;

Jo bikhre wo, to bikhra mai bhi;

Tukde itne hue, ke bun unhe fir sakunga nahi;

Wo khwaab the kuch, jo poore na honge kabhi!

3. Dil ka haal!

Tuta sa ye dil mera, frebon se tha ghira;

Zmane ne zulm ispe itne kare, kambakht ab ye judne se hi darre;

Vfa na krpata ab ye kisise, bina unka dil padhe;

Pr padhe bhi to kaise padhe, aakhir dil kaise milen, bina vfa mile!

4. Khyaal tere!

Kuch khyaal hain, jo chubhte hain mujhe;

Kaash tu sun leti, kitna pukaren ye tujhe;

Yaad ho ya intezaar, khanjar hain saare;

Jaal aesa ye bune, uljha sa rehta hun inme;

fir bhi ji nahi pata main inke bina, yunhi nahi deewana zamana mujhe samjhe;

Bs dard Mila hai inse fir bhi takat hain ye meri, kuch albele se hai, ye khubsurat khyaal tere!

5. Soch Badlegi!

Ek soch jo manavon ko manavta fir sikhlayegi;

Kali ke kl ko cheer kr jo, ek naye sunhere kaal chakra ki, sarthi kehlayegi;

Khud hi khudka paegaam bnkr, nayi pidhi ko disha nayi dikhayegi;

Wo pidhian jo brahmand firengi, ekjut unko kr jayegi;

Ek vishv, ek rashtr ke nakshe me svet rang ye rang jayegi;

Kuch bhi rahega namumkin nahi jb, manushyta ki soch badal jayegi!

6. Dil ke khamosh sawal!

Itna kuch kehna hai pr khamosh hain alfaaz kyun;

Iss thame se waqt ka hai hr pal itna khaas kyun;

Thami si hain dhadkanen pr dil me hai toofaan kyun;

Khamosh hain zuban pr gunj rahe jazbaat kyun;

Khaamosh hain hum tum pr aankhon me itni baat kyun;

Kya ye hi Ishq hai jo ho rha mehsoos yun!

7. Kyun!?

Kyun teri yaadon me abhi tk pis raha hun main;
Kyun tujhpe aaye pyaar pr, khudse chidh raha hu main!

Kyun bs teri baaten hain jo bani mere jiwan ka saar hain;
Kyun tere bina har pal adhura hun, jbki sada saath mere, mere yaar hain!

Kyun bs teri hi aawaaz hai jo gunje dil ke andar;
Kyun kaash ki soch me baha raha aankhon se samundar!

Kyun hun mai intezaar me tere jb wakif hai apna manzar;

Kyun ittefaq se bhi zindagi milati nahi tujhse, jb bs tujhse hi milta hu sapno ke andar!

Kyun khaas ho tum ab tak mere liye, aakhir kyun hai ye sawalon ka bhawandar!!

8. Na jaane kyun!

Tere na hone ka jo ehsaas hai, kuch kaatedaar fir bhi na jaane kyu itna khaas hai!

Teri yaaden ek uphaar hain, chalti inse hi meri saans hai!

Tujhse hi meri khushion ka sansaar hai, fir bhi na jaane kyu tujhse hi juda gam ka vaar hai!

Janun mai ki tujhe inkaar hai, phir bhi na jaane kyun ye izhaar hai ki mujhe bs tujhse hi pyaar hai!

Sb kahen na samajhta mujhko mera vyavhaar hai, fir bhi na jaane kyun ye ilhaam hai ki tu hi meri sachi mrham-e-deedaar hai!

9. Jugnoo!

Meri tanhai me bhi tum mere paas ho, Jan se badhkar pyara ek ehsaas ho!

Rooh se lipt kr meri mere tukdon ko jo sanjo jaaye,

Wo zaruri jazbaat ho!

Bano tum jisme meri wo divy prakaash jo;

Karde prajwalit mere andheron ko, Kaash aesi bhi koi mulakaat ho!

Jiski timtimahat sitaron ko bhi sharamsaar karde,

Jugnoo wo tum meri khaas ho!

10. Yaar!

Kuch anjaan log, Jo bangaye pariwaar hai!

Kuch bharosemand saathi, Jinse ab darkaar hai!

Kuch aashna aese, Jinke liye jaan bhi kurbaan hai!

Pyaar se bhi badhkar, hai jinse rooh ka rishta;

Wahi khaas bandhu, Kehlaate mere yaar hai!

11. Hote hain kuch log!

Hote hain kuch log, Jo hain nafrat ke layak; Hote hain kuch log, Jinse gawarah hai shikayat!

Hote hain kuch log, Jinhe Ilm hi nahi dard auron ko bhi hota hai; Hote hain kuch log, Jinhe bas khudki hi parwah hai!
Hote hain kuch log, Jinhe pyaar bhi chubhta hai; Hote hain kuch log, Jinhe bair hi samajhta hai!

Hote hain kuch log, Jinki aastha me bhi khot hai; Hote hain kuch log, Nailaaj jinki soch hai!

Hote hain kuch log, Jo kaash me jeete-ji mar jaate hain; Hote hain kuch log, Jo khud ko hmesha akela hi paate hain!

Inme se kuch ko hai pyaar ki zaroorat, Kuch ko hai vaar ki zarurat; Sab log sada dete inko vipreet uphaar hain, In sab logon ki hi to meherbaani hai, Jo duniya ka haal yun behaal hai!

12. Beete log!

Mai khudse khushiyan cheenta ja raha hun, Kyun beete kal ko beenta ja raha hun; Jin logon ke liye mai shayad zinda tak nahi, Kyun unko yaadon me seenchta ja raha hun!

Ban to raha hun unki soch se kaafi bada abhi se, Kyun mann hi mann muquabala karke unhe apne aaude tak ghaseenta ja raha hun; Jab manzilen meri hain unke sooch se meelon paar,

Kyun unhe langar ka darja diye ja raha hun!?

13. Bhool Gaya!

Jo kehni thi wo baat bhool gaya, Jo chalna tha wo saath choot gaya; Fir bhi ishq ne mere paigaam bheje tere dar pe, Kahmbakt mera ishq apni aukaat bhool Gaya!

Jo gunjti thi wo aawaaz bhool gaya, Jinme basta tha wo aankh bhool gaya; Fir bhi ishq ne mere pukaara aaj fir tujh ko, Kambakth mera ishq fir apni aukaat bhool gaya!

14. Ab mai fir tanha pad jaata hun!

Ab mai fir tanha pad jaata hun, Fir sach se rooth jaata hun; Fir jhooth me jeena chahta hun, Fir farak samajh na paata hun, Ab mai fir tanha pad jaata hun!

Ab mai fir tanha pad jaata hun, Fir akela khud ko paata hun; Fir saath na kisi ka chahta hun, Shayad mai hi galat nibhata hun, Ab mai fir tanha pad jaata hun!

Ab mai fir tanha pad jaata hun, Na jaane khudse kya chahta hun; Doshi khudko hi thehraata hun, Khudko saza bhi de na paata hun, Ab mai fir tanha pad jaata hun!

Ab mai fir tanha pad jaata hun, Yaadon se darr jaata hun; Neend se haar jaata hun, Khwabon me kho jaata hun, Ab mai fir tanha pad jaata hun!

Ab mai fir tanha pad jaata hun, Dil se hass bhi na paata hun; Bin baat ke ro jaata hun, Bas aansu hi pochde koi guhaar ye lagata hun, Ab mai fir tanha pad jaata hun!

15. Mulaqaat!

Kya pata tha tumse milne ka aesa intezaar hoga, Har guzarte lamhe dil aur bekaraar hoga; Mulaqaat hogi to tumse ishq fir ek baar hoga, Kisse pata tha intezaar bhi ek gulistaan hoga!

Tum sang bitaaya har lamha ek uphaar hoga, Iltajah hai ke tumhara mizaj bhi na nasaaz hoga; Aaj aakhir tumhara haseen didaar hoga, Ye poora jb mera khwaab hoga, Wo bas pal nahi saugaat hoga!

16. Vfa! & Humdard!

Vfa!

Koi jaake puche vfa se ke vo mujhse itni khfa kyu hai;

Salakhen bn gai hai zindagi meri, Teri har baat mujhpe lagati koi dfa kyu hai!

Humdard!

Hamdard bnke hum sbke liye har waqt haazir rahe;

Jab hum dard me the to sab apne haalaton ke mulazim rahe!

17. Naam! & Nikamma!

Naam!

Kuch logon ka naam hi itna khaas hota hai;

Jitna sunai de utna yaadonon ka aagaaz hota hai!

Nikamma!

Keh bhi nahi pata chupa bhi nahi pata, Mushkil to ye hai tumhare bin reh bhi nahi pata;

Tumse nazren mila nahi pata,

Agr mil jaayen to nazren hata nahi pata!

18. Kehna hai! & Naja!

Kehna hai!

Dil me shor hai ki tumse kuch kehna hai,

Zubaan khamoosh hai, rooh sehma hai;

Maloom mujhe mera anjaam hai, Shayaad isiliye waqt thehra hai!

Naja!

Mai bhejun bhi to tum na jana,

Khfa ho jana pr khudko mujhse door na pana;

Sukoon hai mera tumhara hona,

Tum sada hi iss tarah mujhpe khushiyan barsana!

19. Halfway home!

What are my sins that I have to atone,

Why do I find myself breaking down halfway home;

Why when someone finally gave me happiness, she's gone,

She's hurting too and that's whats hurting the most I wish I could have shown;

Nothing feels like home anymore,

With her gone where, when and with whom all doesn't matter, I always feel alone;

My mind is not functioning and my body seems defeated, I can't get anything done;

If this is all life has to offer, Please God I don't want to make it even halfway home!

20. Noor tera!

Na jaane kitni hooron me tarashna chaha,
Noor tera iss beilaaj dil ne mere;
Katra bhar bhi na mila teri sadgi ka,
Aakhir sajda tere ehsaas ka meri rooh kaise kare!

21. Samay!

Jo brahmandik anushthaan aseem hai anant hai;
Uss ekmatr nirapeksh amar shivtatva ko koti-koti naman hai!

Agar lupt ho gaye ho iss vivaran me to jano ki ye Samay hai;
Agar bhool rahe ro niyati ke chattrapati ko to maano ki wo Samay hai!

Manzoor ho Jo Samay ko hona wahi hashr tera,
Manzoor ho Jo Samay ko hona wahi hashr mera;
Fir kyun manovanchit phal ke vilaambh me hatash pade,
Dharmyudh jeete wahi Arjun jo keval apna karam kare!

Samay-chakra dhasa yadi rann me tum Karn sa na Astra-tyaag karo;
Samay-chakra dhasa yadi rann me tum Krishna sa hunkaar karo!

Wo apreyam bhi hai par paryapt nahi,

Wo bandhan to hai par maarg bhi;
Kon nahi jaana chahta peeche ateet se aaj sawarne ko,
Yadi ho prabudh to sada aage badho bhavishya to ujwal banane ko!

Samay nisandeh kathor hai sada hi paath padhayega;
Tum langho to uski chunaution ke mahasaagar ko,
Wo shann bhar me sone ki lanka bhi jitwayega!

www.ingramcontent.com/pod-product-compliance
Lightning Source LLC
LaVergne TN
LVHW022032200926
848481LV00007B/2665
* 9 7 9 8 9 0 0 8 1 7 0 0 2 *